Solución de presión sanguínea

30 superalimentos naturales probados para controlar y disminuir su presión arterial alta

(remedios naturales, reducir naturalmente la hipertensión, superalimentos)

Por Louise Jiannes

Para más libros visite HMWPublishing.com

Consigua otro libro gratis

Quiero darle las gracias por comprar este libro y ofrecerle otro libro (largo y valioso como este libro), "Errores de salud y de entrenamiento físico que no sabe que está cometiendo", completamente gratis.

Visite el enlace siguiente para registrarse y recibirlo: www.hmwpublishing.com/gift. En este libro, voy a desglosar los errores más comunes de salud y de entrenamiento físico que probablemente usted esté cometiendo en este momento, y le revelaré cómo puede llegar fácilmente a la mejor forma de su vida.

Además de este valioso regalo, también tendrá la oportunidad de obtener nuestros nuevos libros de forma gratuita, participar en sorteos y recibir otros correos electrónicos de mi parte. De nuevo, visite el enlace para registrarse: www.hmwpublishing.com/gift

Tabla de contenido

Introducción 11

Capítulo 1-Información general sobre la presión arterial alta 14

¿Cómo puede ocurrir la presión arterial alta? 15

Capítulo 2: Los peligros de tener la presión arterial alta 18

El daño a las arterias...19

arterias dañadas y estrechas...................................20

Aneurisma 20

El daño al corazón...21

Enfermedad de la arteria coronaria 21

Agrandamiento del corazón izquierdo 21

insuficiencia cardíaca 22

El daño al cerebro 23

Accidente isquémico transitorio (AIT) 23

Accidente cerebrovascular..24

Demencia 24

Deterioro cognitivo leve 25

El daño a los riñones 26

Insuficiencia renal 26

cicatrización renal 27

Aneurisma de arteria renal 27

Capítulo 3: Causas y síntomas 29
Hipertensión esencial 30

La hipertensión secundaria 32

Capítulo 4: Medidas preventivas para altas presiones de sangre 34
Los factores preventivos que usted puede controlar 34

Mantener un peso normal y saludable 35

Comer una dieta equilibrada 36

Reducir el consumo de sodio 36

Limitar el alcohol 37

Hacer ejercicio regularmente 37

Controlar su presión arterial 38

Cambiar los malos hábitos 38

Capítulo 5: Maneras comprobadas de controlar la presión arterial alta sin medicación 40

¿Qué pasa si usted ya tiene esta enfermedad? 41

¿Cómo puede uno beneficiarse del tratamiento natural?
44

Perder peso 45

Mejorar la resistencia y la energía 45

Revivir la juventud 45

controlar la hipertensión..46

¡¡¡Sin efectos secundarios!!! 46

Formas naturales para controlar la presión arterial alta sin medicación...47

Paso # 1 - Caminar, caminar, caminar! 47

Paso # 2 - inhalar, exhalar! 48

Paso # 3 - Tomar más potasio y reducir el sodio en su dieta   49

Paso # 4 - Añadir cacao a su dieta 50

Paso # 5 - ¡Las bebidas alcohólicas también ayudan!..51

Paso # 6 - Evitar la cafeína..52

Paso # 7 - ¡Evitar trabajar demasiado! 53

¡Más tratamientos alternativos para incluir en su dieta!

53

Selenio 54

Beta glucano 55

La arginina 55

El aceite de pescado o de linaza....................................55

Capítulo 6: Remedios de hierbas: ¿Cómo pueden ayudar a normalizar su presión arterial............57
Los remedios herbarios para la presión arterial alta.57

Arjuna (Terminalia Arjuna) 57

Diente de león (Taraxacum officinale) 58

Cayena (Capsicum annum) 59

El jengibre (Zingiber officinale) 60

Guggul (Commiphora wightii).....................................61

El ajo (Allium sativum)..61

Reishi (Ganoderma lúcido) 62

Espino (Crataegus) 63

Espino (Crataegus Laevigata) 63

Apio (Apium graveolens) 64

El cacao (Theobroma cacao) 64

Valeriana (Valeriana officinalis) 65

El brócoli y las verduras frondosas oscucas 65

La cúrcuma (Lucuma Longa) 65

Gingko Biloba 66

Extracto de hoja de olivo 66

La baya de la ictericia 67

Cayena 67

Trébol rojo 67

Alfalfa 68

Perejil 68

Grosella espinosa 69

Cebolla y miel 69

La semilla de alholva (Trigonella foenum-Graecum) .70

Reduce el colesterol de la sangre 70

Reduce los riesgos de enfermedades del corazón 70

Le mantenga en forma 71

Manejo del estrés:: Capítulo 7 Empoderamiento de la mente y el cuerpo 72

La conexión entre el estrés y la presión arterial alta a largo plazo 72

Las actividades que pueden reducir la presión arterial 75

Hacer su horario simple 75

Ser consciente de su respiración 76

Hacer ejercicio regular 78

Meditar 79

Desarrollar buenos hábitos de sueño 80

Ser optimista 83

Capítulo 8: Cómo la meditación puede ayudar a reducir la presión arterial alta 86

La gestión de su salud: ¡Salvando su vida! 91

Una manera de hacer su ejercicio de meditación 93

Conclusión 98

Introducción

El aumento del número de personas afectadas por la presión arterial alta ha llevado la conciencia al público, pero ser consciente de la enfermedad o de su presencia no es suficiente para excluirlo de esta lucha peligrosa.

Durante décadas, esta enfermedad había sido ignorada y pasada por alto debido a sus síntomas silenciosos que le valieron el título de ser el "asesino silencioso". Sin embargo, a medida que los esfuerzos del gobierno se dirigen a minimizar y eliminar su presencia; la atención a esta enfermedad se está presentando al público.

Si usted no se siente cómodo viviendo con la idea de que podría verse afectado por esta enfermedad sin saberlo realmente, este libro lo equipará con el conocimiento de la presión arterial alta y cómo revertirlo de forma natural sin el uso de medicamentos.

Además, mientras discutimos sobre el tratamiento de la presión arterial alta, también debemos conocer sus medidas preventivas. ¡Conozca todos los datos esenciales sobre este asesino silencioso para vivir una vida más saludable!

Además, antes de comenzar, le recomiendo que se una a **nuestro** boletín informativo por correo electrónico **para** recibir actualizaciones sobre cualquier próxima publicación o promoción de un nuevo libro. Puede registrarse de forma gratuita y, como bonificación, recibirá un regalo gratis. ¡Nuestro libro "*Errores de salud y de entrenamiento físico que no sabe que está cometiendo*"! Este libro ha sido escrito para desmitificar y exponer lo que se debe y no se debe hacer y, finalmente, equiparlo con la información que necesita para estar en la mejor forma de su vida. Debido a la cantidad de información errónea y mentiras contadas por las revistas y los autoproclamados "gurús", cada vez es más difícil obtener información confiable para ponerse en forma. A diferencia de tener que pasar por docenas de fuentes parciales, poco fiables y no fiables para obtener su información de salud y estado físico, todo lo que necesita para ayudarlo se ha desglosado en este libro para que pueda seguirlo fácilmente y obtener resultados inmediatos para alcanzar sus objetivos de actividad física deseados en el menor tiempo posible.

Una vez más, para unirse a nuestro boletín gratuito por correo electrónico y recibir una copia gratuita de este valioso libro, visite el enlace y regístrese ahora: www.hmwpublishing.com/gift

Capítulo 1-Información general sobre la presión arterial alta

La presión arterial alta es una de las principales causas de muerte en los Estados Unidos. Según el reciente informe publicado por el Centro para el Control y Prevención de Enfermedades, alrededor de 75 millones de adultos estadounidenses tienen la presión arterial alta. Para darle un cálculo rápido, ese es uno de cada tres adultos estadounidenses o alrededor del 29% de la población estadounidense. Aproximadamente $46 mil millones son gastados por la nación cada año para cubrir los servicios de atención médica y los medicamentos. Esto también incluye días perdidos de trabajo debido a la hipertensión.

Los síntomas de la presión arterial alta a veces son tan leves que son difíciles de detectar. Sin embargo, sus resultados pueden ser mortales y, por lo tanto, deben tomarse con la mayor preocupación. La presión arterial alta que no es tratada, también conocida como "hipertensión", puede dañar y puede dejar cicatrices en las arterias que también se pueden encontrar incluso en personas que normalmente están calmadas y relajadas. El "asesino silencioso", ya que no presenta síntomas iniciales, es una enfermedad a largo plazo, que eventualmente puede conducir a complicaciones y a la muerte.

¿Cómo puede ocurrir la presión arterial alta?

La presión arterial alta es el impacto de la sangre creada contra la pared de las arterias a medida que circula dentro del cuerpo humano. La presión arterial está determinada por la cantidad de sangre bombeada por el corazón contra su resistencia a medida que fluye a través de las arterias.

Cuando hay algunos bloqueos como la acumulación de colesterol, cicatrices o placa en las arterias, afecta la elasticidad de las paredes arteriales y reduce el flujo sanguíneo, creando así más presión a medida que el corazón bombea con más fuerza para hacer pasar la sangre, de modo que puede alcanzar las diferentes partes del cuerpo. Tal aumento en la presión puede dañar los músculos y las válvulas del corazón y puede provocar insuficiencia cardíaca. Los daños a los vasos que suministran sangre y oxígeno a los riñones y al cerebro eventualmente crean un impacto negativo en estos órganos del cuerpo.

Demasiada presión en los vasos sanguíneos y las paredes arteriales puede causar problemas graves. Las arterias sanas suelen ser tejidos semiflexibles y músculos finos, lisos y elásticos, por lo que la sangre fluye suavemente a través de ellos cuando el corazón comienza a bombear suavemente. Sin embargo, cuando hay bloqueos, el corazón se ve obligado a bombear más estirando así las paredes de las arterias, y si se hace demasiado, podría romper el revestimiento de las paredes arteriales. Una vez que se rompen los vasos sanguíneos, podría provocar apoplejía, mal funcionamiento de los riñones, insuficiencia vascular periférica o ataque cardíaco, que causa la muerte de la mayoría de sus víctimas.

Por lo tanto, es esencial para mantener su presión arterial a un nivel para reducir el riesgo de que los vasos sanguíneos lleguen a sobrepasar su límite. La presión arterial no controlada aumenta el riesgo de que ocurran problemas médicos o de salud más serios.

Capítulo 2: Los peligros de tener la presión arterial alta

La presión arterial alta está aumentando constantemente en las sociedades modernas debido a un estilo de vida poco saludable. Esto puede ser muy inquietante si no está completamente enterado de sus implicaciones en su estado de salud, pero si lo hace, puede buscar opciones útiles para revertir sus efectos.

La presión arterial alta puede causar un daño grave en el sistema de su cuerpo en silencio mucho antes de la aparición de los síntomas. Darlo por sentado puede resultar en una discapacidad, una vida de sufrimiento e incluso un ataque cardíaco grave. Las personas que no reciben tratamiento para la hipertensión mueren por una enfermedad cardíaca isquémica o un flujo sanguíneo reducido. Otros mueren de apoplejía. Un cambio en el estilo de vida y el tratamiento puede ayudar a controlar su presión arterial alta para reducir estos riesgos que amenazan la vida. Ahora, echemos un vistazo a algunos de los daños que esta enfermedad puede causar a su cuerpo.

El daño a las arterias

Cuando sus arterias están sanas, son flexibles, elásticas y fuertes con un revestimiento interior liso a lo largo de las paredes para permitir que la sangre fluya libremente a medida que circula por el cuerpo. Este es un proceso vital ya que suministra nutrientes y oxígeno a tejidos y órganos vitales. Cuando el flujo sanguíneo está obstruido, causa un aumento de la presión en la pared arterial a medida que el corazón bombea vigorosamente para permitir que la sangre fluya. Como resultado, podría experimentar lo siguiente:

ARTERIAS DAÑADAS Y ESTRECHAS

Cuando usted tiene un estilo de vida poco saludable, su cuerpo puede recoger las grasas de su dieta y almacenarlas en sus arterias, obstruyendo el flujo del torrente sanguíneo y las paredes de sus arterias se vuelven menos elásticas. Esto limita el flujo de sangre en su cuerpo.

ANEURISMA

Eventualmente, la presión constante de la sangre contra el revestimiento de la arteria debilitada puede causar que una parte de la pared forme un bulto. Esta condición se llama "aneurisma". Un aneurisma puede romperse en cualquier momento y puede causar una hemorragia interna en cualquiera de sus arterias, pero principalmente ocurre en la aorta o en la arteria más grande de su cuerpo.

El daño al corazón

Dado que su corazón bombea sangre a su cuerpo, la presión arterial alta no controlada puede dañar su corazón de muchas maneras.

ENFERMEDAD DE LA ARTERIA CORONARIA

Esta condición afecta las arterias que suministran sangre al cuerpo. La enfermedad reduce las arterias y limita la circulación de la sangre libremente a través de las arterias. Cuando padece esta enfermedad, usted puede experimentar ritmos cardíacos irregulares conocidos como (arritmias), dolores en el pecho o un ataque cardíaco irregular.

AGRANDAMIENTO DEL CORAZÓN IZQUIERDO

Cuando su corazón se ve obligado a ejercer vigorosamente para bombear sangre a su cuerpo, esto causa que el ventrículo izquierdo se endurezca o se engrose (hipertrofia ventricular izquierda). Estos cambios también limitan la capacidad del ventrículo para bombear sangre, lo que aumenta el riesgo de insuficiencia cardíaca, corazón, ataque y muerte súbita cardíaca.

INSUFICIENCIA CARDÍACA

Eventualmente, la tensión en su corazón causada por la presión arterial alta debilita los músculos de su corazón y los hace funcionar menos eficientemente. Si esto continúa, esta condición simplemente hará que su corazón se desgaste. Su corazón se desgastará con el tiempo y fallará. También, si hay algún daño causado por un ataque al corazón, eso empeorara el problema existente.

El daño al cerebro

Al igual que su corazón, el cerebro depende del suministro de sangre para alimentarlo para que pueda funcionar adecuadamente para sobrevivir. Sin embargo, cuando hay presión arterial alta, puede causar problemas, incluidos los que veremos a continuación:

ACCIDENTE ISQUÉMICO TRANSITORIO (AIT)

Considerado como un "mini accidente cerebrovascular", esta afección es una interrupción temporal del suministro de sangre a su cerebro. La condición isquémica transitoria a menudo es causada por la aterosclerosis o un coágulo de sangre. Ambos pueden surgir cuando hay presión arterial alta, y la presencia de un AIT es una advertencia de que usted está en riesgo de una apoplejía en toda regla.

ACCIDENTE CEREBROVASCULAR

Cuando una parte de su cerebro se ve privada de oxígeno y nutrientes suministrados por sus vasos sanguíneos, causará la muerte de sus células cerebrales. Entonces, cuando tiene presión arterial alta que se deja sin controlar o sin descuidar, esto puede causar el estrechamiento, la ruptura o las fugas en los vasos sanguíneos que conducen al cerebro. La presión arterial alta también puede causar la coagulación de la sangre en las arterias que bloquean el flujo de sangre a su cerebro y causan un derrame cerebral.

DEMENCIA

Esta condición se asocia con problemas en las habilidades cognitivas: pensamiento, habla, razonamiento, memoria, visión y movimientos. Hay varias causas de demencia, incluida la demencia vascular, que se logra a través del estrechamiento y el bloqueo de las arterias que suministran sangre al cerebro. También puede provocar un accidente cerebrovascular que causa una interrupción en el flujo sanguíneo que conduce al cerebro. En cualquiera de estos casos, es la presión arterial alta la que principalmente lo causa.

DETERIORO COGNITIVO LEVE

Hay una etapa de transición, que ocurre entre los cambios en la comprensión y la memoria, a medida que uno envejece y los problemas más graves se desarrollan cuando uno tiene, por ejemplo, una enfermedad de Alzheimer. Al igual que la demencia, esto resulta del flujo sanguíneo bloqueado cuando la presión arterial alta daña las arterias.

El daño a los riñones

Por lo general, la función de los riñones es filtrar el exceso de desechos y fluidos de la sangre, aunque este proceso depende de los vasos sanguíneos sanos. Cuando la presión arterial alta lesiona los vasos sanguíneos que conducen a los riñones, puede causar numerosos tipos de enfermedades renales (nefropatía). Si usted tiene diabetes, esto puede incluso empeorar el daño.

INSUFICIENCIA RENAL

La insuficiencia renal es causada por la presión arterial alta, ya que causa daños tanto en las arterias grandes que conducen a los riñones como a los pequeños vasos sanguíneos (glomérulos) dentro de los riñones. El daño a cualquiera de estos dos afecta la función normal de los riñones impidiéndole filtrar eficientemente los desechos de la sangre. Al final, un nivel peligroso de desechos y líquidos puede acumularse en su cuerpo y, en última instancia, puede requerir diálisis o un trasplante de riñón.

CICATRIZACIÓN RENAL

La glomeruloesclerosis es un tipo de daño renal causado por la cicatrización de los glomérulos. Los glomérulos son pequeños grupos de vasos sanguíneos dentro de los riñones que filtran los fluidos y los desechos de su sangre. La glomeruloesclerosis puede hacer que sus riñones no puedan filtrar los desechos de manera eficiente, lo que puede provocar insuficiencia renal.

ANEURISMA DE ARTERIA RENAL

Este es un tipo de aneurisma que conduce al riñón. Una posible causa de esta enfermedad es la aterosclerosis, que daña y debilita la pared de la arteria. A largo plazo, una arteria debilitada puede causar que una sección forme un aneurisma, que puede romperse en cualquier momento y causar una hemorragia interna que amenaza la vida.

Capítulo 3: Causas y síntomas

No es fácil identificar la causa exacta de la presión arterial alta, pero existen numerosos factores y condiciones que de alguna manera pueden haber contribuido a su desarrollo.

Éstos son algunos de ellos:

Obesidad o el sobrepeso

Falta de actividad física

Demasiado consumo de sal y de alcohol

Fumar

Los genes y los antecedentes familiares, incluida la hipertensión arterial

Estrés inmanejable

Afecciones renales crónicas

Trastornos tiroideos y suprarrenales

Apnea del sueño

Hipertensión esencial

Para este tipo de presión arterial alta, las personas en el mundo médico lo llaman la "hipertensión esencial". Misteriosa como es, la hipertensión esencial se ha relacionado con factores de riesgo específicos. La presión arterial alta tiende a afectar a más hombres que mujeres y también se observa que se ejecuta en la familia.

Además, la edad y la raza también juegan un papel vital. Los afroamericanos que viven en los

Estados Unidos tienen dos veces más probabilidades de tener la presión arterial alta en comparación con los caucásicos, pero la brecha disminuye alrededor de los 44 años. Muchas mujeres negras tienen la incidencia más alta reportada de presión arterial alta a la edad de 65 años o más.

Otros factores que afectan la hipertensión esencial son la dieta y el estilo de vida. El vínculo entre la sal y la hipertensión se estableció hace tiempo. Se sabe que los japoneses que viven en las islas del norte de Japón consumen más sal per cápita que las personas en el resto del mundo, y que tienen la mayor incidencia de hipertensión esencial. Quienes no usan sal para sus alimentos no tienen rastros de hipertensión esencial.

Las personas con presión arterial alta son hipersensibles, en otras palabras, esto significa que incluso un pequeño exceso de sal agregado a lo que normalmente necesita el cuerpo puede hacer que su presión arterial suba. Otros factores que cuentan en la presencia de la presión arterial alta esencial son la insuficiencia de calcio, magnesio y potasio, el consumo crónico de alcohol, la obesidad y la diabetes.

La hipertensión secundaria

Contrariamente a la presión arterial alta esencial es la presión arterial alta secundaria o "hipertensión secundaria". Este tipo de presión arterial alta, la causa directa, de alguna manera es precisa, y la enfermedad renal es la más alta entre las muchas causas de hipertensión secundaria.

Este tipo de presión arterial alta puede ser desencadenada por tumores y otras anormalidades, que hacen que las glándulas suprarrenales produzcan cantidades excesivas de hormonas que elevan la presión arterial.

Los factores que pueden aumentar la presión arterial incluyen:

- El embarazo
- Las píldoras anticonceptivas (particularmente aquellas que contienen estrógeno)
- Las drogas que constriñen los vasos sanguíneos

Capítulo 4: Medidas preventivas para altas presiones de sangre

Hacer un esfuerzo adicional para prevenir la aparición de la presión arterial alta puede ayudar a reducir los accidentes cerebrovasculares, los ataques cardíacos y muchas otras enfermedades graves que pueden causar la muerte. Si usted está en riesgo de tener la presión arterial alta, es mejor que tome estas medidas preventivas.

Los factores preventivos que usted puede controlar

Algunos factores como la edad y los genes, incluidos los historiales médicos familiares, son elementos que usted no puede controlar. Por lo tanto, si desea prevenir el inicio de la presión arterial alta, debe centrarse en los factores de riesgo que puede cambiar. No somos capaces de hacer algo acerca de nuestra edad o lo que constituye nuestro ADN, pero siempre podemos cambiar nuestro estilo de vida por uno mejor y más saludable.

Estas son algunas maneras de considerar al cambiar a un estilo de vida saludable.

Mantener un peso normal y saludable

Mantener un peso saludable es crucial cuando se trata de la hipertensión. El sobrepeso y la obesidad pueden llevar a más complicaciones, que eventualmente pueden causar la muerte. Las personas con sobrepeso necesitan perder peso. Si usted es de peso medio, entonces evite agregar más libras. Finalmente, si lleva un peso extra, pierda hasta 10 libras para ayudar a prevenir la aparición de presión arterial alta. Existen recursos en línea para ayudarle a conocer su peso ideal y su índice de masa corporal (IMC).

COMER UNA DIETA EQUILIBRADA

Comer una dieta sana y equilibrada puede ayudar a mantener su presión arterial bajo control. Coma alimentos que sean ricos en potasio mientras mantiene un límite de calorías, grasa, sodio y azúcar. La dieta DASH es conocida por ayudar a controlar la presión arterial alta.

REDUCIR EL CONSUMO DE SODIO

Cuanto más sodio consuma, más su presión arterial aumentará. Por lo tanto, es mejor reducir la ingesta de sodio al evitar los alimentos con alto contenido de sodio, como los alimentos envasados y procesados.

También puede ayudar a prevenir agregar sal a sus comidas.

Limitar el alcohol

Beber demasiado alcohol espesa la sangre y por lo tanto crea más presión para que el corazón fluya suave y libremente. Por lo tanto, evite tomar más de una bebida alcoholizada al día.

Hacer ejercicio regularmente

Se necesita actividad para que uno sea saludable, y la actividad física es crucial cuando se hace referencia a la presión arterial alta. Cuanto más ejercicio haga, mejor será. Incluso un poco de ejercicio puede ayudar a disminuir el riesgo de la hipertensión. Comience a hacer una cantidad moderada de ejercicio durante aproximadamente 30 minutos. Comenzar a entrenar dos o tres veces por semana es un objetivo ideal para empezar.

CONTROLAR SU PRESIÓN ARTERIAL

Después de que usted haya terminado con las formas indicadas anteriormente, asegúrese de controlar regularmente su presión arterial. Para hacer esto, puede ir a una clínica o hacer esto en casa. Dado que la hipertensión a menudo no muestra síntomas aparentes, sólo la medición de la presión arterial puede proporcionarle una medida definitiva de la presión arterial. La medición de la presión arterial en el rango de 120-139 / 80-89 milímetros de mercurio (mmHg) lo pone en un mayor riesgo de desarrollar presión arterial alta.

CAMBIAR LOS MALOS HÁBITOS

Finalmente, eche un vistazo a su estilo de vida y observe qué necesita cambiar entre sus hábitos. Intente conquistar objetivos pequeños, como comer frutas y verduras en lugar de comida basura entre otras comidas. Sigua estos hábitos como parte de su rutina diaria.

Capítulo 5: Maneras comprobadas de controlar la presión arterial alta sin medicación

Aunque hemos introducido algunas medidas preventivas para evitar la presión arterial alta, aún sabemos que no es tan fácil hacer un cambio de 360 grados en su estilo de vida. Con el tipo de vida moderna que tenemos hoy en día, cuando casi todo el mundo está siempre en movimiento, llenamos nuestros estómagos con alimentos listos para consumir recién salidos del paquete. Sabemos que estos alimentos están lejos de ser saludables y a menos que esté decidido a cambiar sus hábitos, debe abstenerse de comer estos tipos de alimentos.

¿Qué pasa si usted ya tiene esta enfermedad?

Como dije, la presión arterial alta es una enfermedad que no debe ignorarse. Las muertes relacionadas con la presión arterial alta se extienden a casi 100,000 cada año y todavía están aumentando rápidamente. Algunas personas simplemente ignoran su problema, mientras que otras eligen medicamentos con efectos nocivos. Pero, hoy en día, la mayoría de las personas recurren al uso de remedios naturales simples para tratar la presión arterial alta. Hay muchos remedios naturales comprobados a lo largo de los años para combatir la presión arterial alta

Antes de considerar medicamentos para su problema de hipertensión, tome nota de los siguientes hechos:

Las compañías farmacéuticas se consideran una de las empresas más lucrativas del siglo XXI.

La cantidad de hospitales ha crecido exponencialmente en las últimas décadas. Sin embargo, antes de que se creyera que se debía a la generación del *baby boom* o a la edad de jubilación, estudios recientes muestran que las personas tienden a depender cada vez más de los médicos en todos los aspectos de su salud física.

Las tasas de seguro y de cobertura han crecido demasiado debido en parte al costo inflado de medicamentos y recetas.

Obviamente, no todas las drogas son peligrosas. Sin embargo, algunas drogas son perjudiciales en algunos sentidos, ya que son duras y tienen efectos secundarios mortales.

Sin embargo, millones de personas todavía eligen renunciar al uso de medicamentos con efectos secundarios peligrosos y en su lugar recurren al tratamiento holístico y natural de la presión arterial alta. Con el tratamiento holístico, nos referimos al tipo de curación que ve la integridad de una persona. Es decir, en lugar de enfocarse en el tratamiento de una enfermedad, el enfoque holístico examina el bienestar físico, emocional, mental y espiritual de un individuo antes de recomendar un tratamiento.

Este enfoque holístico del tratamiento natural podría incluir una dieta nutricional, ejercicio regular, meditación y mucho más. ¡Atacar la presión arterial alta en muchos ángulos diferentes puede curar completamente a la persona sin el uso de medicamentos!

Este enfoque holístico para el tratamiento natural podría implicar una dieta nutricional, el ejercicio regular, la meditación, y mucho más. Atacando la presión arterial alta en muchos ángulos diferentes puede curar completamente la persona sin el uso de medicación de drogas!

¿Cómo puede uno beneficiarse del tratamiento natural?

Además de evitar los efectos colaterales que ponen en peligro la vida de las drogas, hay varias razones por las que usted debe considerar tratar la presión arterial alta de forma natural.

Las siguientes son algunas cosas que debe considerar hacer:

Perder peso

Las personas que se someten a tratamientos naturales aprenden no sólo cómo se curan de su presión arterial alta, sino que también logran arrojar kilos de más. Cuando usted conozca el tipo de alimento adecuado para comer, minimizará sus antojos y por lo tanto podrá perder de 1 a 2 libras a la semana.

Mejorar la resistencia y la energía

Debido a una nutrición adecuada, usted experimentará una mejor resistencia y energía y por lo tanto pueden hacer las cosas que se pueden disfrutar. Cuando uno tiene un cuerpo sano, la vida puede ser mejor en comparación con aquellos que no tienen un cuerpo sano y en forma.

Revivir la juventud

Cuando usted tiene presión arterial alta, se está perdiendo importantes vitaminas y minerales que el cuerpo necesita. Las vitaminas y minerales como el calcio, el magnesio y el zinc juegan un papel vital en la normalización de la presión arterial. Cuando tenga suficiente de estas sustancias, entonces se sentirá mucho más joven y vivo.

CONTROLAR LA HIPERTENSIÓN

Existen más de mil beneficios enumerados para hacer ejercicio y controlar su presión arterial es uno de ellos. Aprenda un ejercicio simple, que puede hacer todos los días durante 20-30 minutos, y eventualmente experimentará que su presión arterial está volviendo a la normalidad.

¡¡¡SIN EFECTOS SECUNDARIOS!!!

A diferencia de los medicamentos, el único efecto secundario que usted puede obtener al tomar un remedio natural es sentirse mal por no haberlo intentado antes.

Formas naturales para controlar la presión arterial alta sin medicación

Se dice que cambiar el estilo de vida muestra una presión sanguínea normalizada en alrededor del 86 por ciento de quienes padecen esta enfermedad. Por lo tanto, si desea revertir su hipertensión, necesita normalizar su peso. Una vez que comience a tener hábitos alimenticios más saludables, entonces puede comenzar a adaptarse a las siguientes estrategias para vencer su hipertensión.

PASO # 1 - CAMINAR, CAMINAR, CAMINAR!

Comience a caminar tanto como pueda. Empiece a caminar lentamente por distancias cada vez más largas.

Intente caminar con energía: camine a paso ligero durante unos 30 minutos al día. Esta actividad puede aumentar su suministro de oxígeno en el cuerpo para mantener el funcionamiento de su corazón de manera suave y eficiente. A medida que se acostumbre a caminar con potencia, intente aumentar su velocidad y distancia mientras aumenta la fuerza y la resistencia.

Paso # 2 - Inhalar, Exhalar!

Tómese el tiempo para respirar profundamente. Siéntese en una silla con la espalda recta. Respire tan profundamente como pueda durante cinco o diez minutos. Las hormonas del estrés elevan una enzima renal llamada renina, que aumenta la presión arterial. Al respirar lentamente y al expandir su barriga, exhala toda la tensión de su cuerpo. Además, agregar qigong, tai chi, meditación o yoga a esa respiración profunda es otro excelente destructor del estrés.

PASO # 3 - TOMAR MÁS POTASIO Y REDUCIR EL SODIO EN SU DIETA

Tenga cuidado con la cantidad de proteína animal en su dieta porque comerla en exceso causa un aumento en los niveles de ácido de su cuerpo y disminuye su nivel de potasio. Por lo tanto, es mejor agregar alimentos más ricos en potasio de forma natural a sus comidas, como frutas y verduras frescas, granos enteros, productos lácteos y productos avícolas, carne y pescado.

Los alimentos ricos en potasio incluyen: brócoli, fletán, atún, espinaca, perejil, naranjas, plátanos, aguacates, fresas, champiñones, coles de bruselas, frijoles, atún, berenjena, albaricoques, ciruelas, pasas, melón, patatas, guisantes, calabaza, acelgas, pimientos, pepinos, tomates y repollo.

Compre pocos alimentos procesados y limite su ingesta de sodio comprando alimentos que contengan un mayor nivel de sodio. Puede evitar esto leyendo las etiquetas de los alimentos, ya que se volverá más consciente de la cantidad de sal en cada paquete de alimentos que compre en el supermercado. Las personas con presión arterial alta a veces son sensibles a la sal. Debido a que no existe una prueba disponible que demuestre que usted es sensible a la sal o no, es esencial, por lo tanto, saber cuánta sal está tomando para poder reducir la sal tanto como sea posible.

Paso # 4 - Añadir cacao a su dieta

Una media onza de chocolate negro agregado a su dieta contiene al menos un 70 por ciento de cacao. El chocolate oscuro contiene una sustancia llamada "flavonoide", que hace que los vasos sanguíneos sean más elásticos. La elasticidad de los vasos sanguíneos ayuda a disminuir la presión arterial alta.

Los flavonoides de cacao son bioactivos derivados de los granos de cacao. Los estudios sobre los granos de cacao revelaron que los flavonoides podrían mejorar las funciones cardiovasculares al mismo tiempo que reducen la carga sobre el corazón que acompaña al envejecimiento y la rigidez del corazón. El estudio revela además que la ingesta de flavonoides de cacao reduce el riesgo de desarrollar enfermedades cardiovasculares.

PASO # 5 - ¡LAS BEBIDAS ALCOHÓLICAS TAMBIÉN AYUDAN!

Consumir alrededor de ¼ -1/2 de bebida alcohólica ayuda a reducir su presión arterial. Los estudios revelaron que una pequeña cantidad de bebida alcohólica en un día disminuye el riesgo de enfermedad cardíaca y protege el corazón. Sin embargo, tomar más que esa cantidad sería perjudicial.

PASO # 6 - EVITAR LA CAFEÍNA

Los estudios sobre la cafeína muestran que causa hipertensión al apretar los vasos sanguíneos. Esto resalta los efectos del estrés y también aumenta la presión arterial alta. Por lo tanto, puede evitar los picos de presión arterial cuando está estresado usando café descafeinado y otras bebidas.

Beber café de hibisco se asocia con una disminución significativa de la hipertensión. Un estudio ha demostrado que beber 3 tazas de café de hibisco al día durante seis semanas trae un cambio sustancial en el nivel de presión arterial de los participantes. La revista The Journal of Nutrition había publicado que el té de hibisco puede hacer que la presión sanguínea baje de forma natural y que fue efectivo en adultos clasificados como levemente hipertensos o pre hipertensos.

Paso # 7 - ¡Evitar trabajar demasiado!

Trabajar durante más de 41 horas en una semana puede agregar hipertensión a la lista de riesgos para la salud, ya que las personas que trabajan demasiado tienden a comer menos alimentos saludables y no tienen suficiente tiempo para hacer ejercicio. La sobrecarga de responsabilidades y tareas agrega estrés a su rutina diaria, lo que luego podría traerle más problemas de salud. Por lo tanto, trate de descansar lo más que pueda.

¡Más tratamientos alternativos para incluir en su dieta!

Hay muchas otras maneras de normalizar su presión arterial alta. Usted puede incluir las siguientes fuentes alimentarias en su dieta:

SELENIO

El selenio, el cobre y el zinc son solo algunos de los elementos compuestos que pueden ser útiles. Muchos estudios muestran cómo las personas con enfermedades cardíacas suelen ser deficientes de estos nutrientes. Usted puede tener suplementos de algunas de estas características tomando multivitaminas en su dieta. Las fuentes de selenio son la carne, las nueces, las nueces de Brasil, las verduras oscuras y el trigo. El zinc se encuentra generalmente en los frijoles, la carne y los productos lácteos, mientras que el cobre está presente en los mariscos, las legumbres, los frutos secos y las verduras de hoja oscura.

BETA GLUCANO

Esta sustancia reduce el nivel de colesterol y también reduce la presión arterial resultante del colesterol alto. Puede obtener beta-glucano del salvado de avena y la seta maitake. Este elemento ayuda a mover materiales de desecho del cuerpo humano. Tomar 200 miligramos de salvado de avena (aproximadamente una cucharadita) diariamente puede reducir la hipertensión.

LA ARGININA

El tomar 2 gramos de arginina al día puede reducir la presión sistólica en 20 puntos después de haber tomado el suplemento durante dos días. Es primordial debido al aminoácido que ayuda al cuerpo a producir ácido nítrico, que regula la presión arterial y el colesterol.

EL ACEITE DE PESCADO O DE LINAZA

Conocido como ácido graso Omega 3, el aceite de pescado es beneficioso para aquellos que sufren de hipertensión. El aceite de pescado protege el corazón y también reduce la presión arterial. Los vegetarianos pueden probar la linaza. El consumo de una cucharada sopera de linaza al día puede ayudarle a reducir su hipertensión en nueve puntos.

Capítulo 6: Remedios de hierbas: ¿Cómo pueden ayudar a normalizar su presión arterial

Uno de los tratamientos naturalmente aceptados para la presión arterial alta es el uso de hierbas como remedios caseros. El reciente aumento en el alejamiento de la medicación farmacológica se debe principalmente al hecho de que las personas están hartas de los efectos secundarios que resultan del uso de medicamentos, por no mencionar las prescripciones caras.

Los remedios herbarios para la presión arterial alta

ARJUNA (TERMINALIA ARJUNA)

La arjuna está asociada con el tratamiento de la presión arterial alta. Es conocida por su notable remedio de la enfermedad al proteger el corazón y detener el sangrado, así como endurecer los músculos en el órgano mientras mejora la circulación sanguínea.

Los glucósidos triterpenos y las coenzimas Q10 comprenden sustancias que ayudan a que el corazón y los vasos sanguíneos arteriales funcionen correctamente. Se dice que son abundantes en la planta de arjuna. El uso regular de este medicamento a base de hierbas ayudará a eliminar el riesgo de hipertensión y evitar un mayor daño al corazón y al resto de órganos vitales que se ven afectados por la presión arterial alta.

DIENTE DE LEÓN (TARAXACUM OFFICINALE)

Si usted tiene un problema con la retención de líquidos, el diente de león puede ser útil ya que ayuda a aumentar el flujo de orina y ayuda a reducir la presión arterial. Uno puede beneficiarse del uso del diente de león a través de la eliminación de la pérdida de potasio, que a menudo tienen los farmacéuticos diuréticos. Sin embargo, asegúrese de que cuando use estas hojas de diente de león, no sean tratadas con pesticidas.

Cayena (Capsicum annum)

La cayena ayuda a adelgazar la sangre, lo que reduce la presión arterial. Simplemente use las semillas calientes mexicanas o tailandesas como las que se usan en el chile serrano o en los *African Bird Peppers,* que son unos de los productos de cayena los más calientes.

Para usar la cayena como remedio, solo tome una taza de agua caliente mezclada con una cucharadita de pimienta de cayena. Beba la solución para el mantenimiento.

El jengibre (Zingiber officinale)

Otra hierba que se usa comúnmente como condimento para cocinar es el jengibre. Aunque a menudo consumimos este ingrediente de la cocina casera, la mayoría no conocen sus beneficios para la salud, incluida la regulación de la presión arterial alta. El jengibre es muy útil para mejorar el flujo sanguíneo, tratar las náuseas, relajar los músculos de las arterias, facilitar la digestión y aliviar las náuseas matutinas.

El ajo puede presentarse en diversas formas, incluidas las raíces secas, las cápsulas, las raíces frescas, los aceites, los extractos líquidos, los polvos, los suplementos, etc. Usted puede comer ajo crudo o agregarlo a sus platos deliciosos.

Mientras que el jengibre se proclama como seguro y efectivo para la hipertensión, algunas personas pueden experimentar algunos posibles efectos secundarios de los que debe tener cuidado: reacciones alérgicas, trastornos gástricos, problemas de ardor de estómago o irritación de la boca.

Guggul (Commiphora wightii)

En primer lugar, esta hierba crece en la India, pero también se puede encontrar en otros países de Asia Central y África del Norte. Los estudios indican que esta increíble hierba puede reducir el colesterol LDL malo y también abordar problemas de salud relacionados con la psoriasis, la enfermedad vascular arteriosclerótica y la isquemia cardíaca.

El ajo (Allium sativum)

Durante mucho tiempo, hemos reconocido el ajo como ingrediente aromático que utilizamos para condimentar los alimentos. Sin embargo, no nos dimos cuenta de que el ajo disminuye nuestra presión arterial en un diez por ciento. Incluso cuando está en forma de cápsulas de gel, el ajo todavía tiene el mismo efecto.

El ajo también posee la capacidad de disminuir la coagulación de la sangre y despeja las arterias de los malos colesteroles y las placas. Para un mejor rendimiento, el consumo diario de 1 o 2 dientes de ajo durante 90 días es suficiente para prevenir y minimizar los efectos de la presión arterial alta. Puede comerse crudo o incluirse en sus comidas.

REISHI (GANODERMA LÚCIDO)

Esta es una especie de seta asociada con la disminución de la presión arterial. Esta seta es casi incomible, pero está disponible en forma de cápsula.

Espino (Crataegus)

El espino hace que las paredes arteriales se relajen y se dilaten, y puede tomar muchas semanas o meses para mostrar algún efecto.

Espino (Crataegus Laevigata)

El espino es beneficioso en la ampliación de los vasos sanguíneos de la arterias, previniendo el crecimiento de la aterosclerosis, disminuyendo los niveles de colesterol, mejorando la circulación sanguínea y regulando los latidos del corazón.

Usted puede consumir esta hierba bebiéndose en forma de té usando sus hojas y flores secas. También puede incluir suplementos de bayas de espino en su plan dietético. De cualquier forma que la use, puede experimentar una reducción de 2.60 HG en su nivel de presión arterial. Todos estos resultados establecieron el espino como un tratamiento herbal altamente confiable para la presión arterial.

APIO (APIUM GRAVEOLENS)

El apio se ha utilizado como remedio desde la edad temprana y ocupa un tratamiento herbal único para la presión arterial. Ayuda a aumentar el flujo de orina. Los indios lo han usado diariamente y han reconocido el apio como uno de los mejores remedios para la presión arterial alta.

EL CACAO (THEOBROMA CACAO)

Otra hierba fantástica que se asocia con la disminución de la presión arterial alta de manera eficiente es el cacao. El cacao funciona como antioxidantes como el té y el vino tinto. Según los investigadores, una dosis diaria de 3.5 onzas de cacao es efectiva como tomar una dosis diaria de medicamentos para la presión arterial alta.

Valeriana (Valeriana officinalis)

La valeriana relaja los músculos lisos que recubren las paredes arteriales evitando que se estrechen.

El brócoli y las verduras frondosas oscucas

El brócoli y las verduras frondosas oscuras son ricos en vitaminas y minerales que son una necesidad esencial para las personas con presión arterial alta. El magnesio y el calcio se encuentran en abundancia en el brócoli y otras verduras de hoja oscura.

La cúrcuma (Lucuma Longa)

La cúrcuma, la especia, se usa a menudo en el curry. Tiene propiedades antiinflamatorias y antioxidantes que reducen el nivel de colesterol y fortalecen los vasos del cuerpo, así como también reducen la presión arterial.

GINGKO BILOBA

El Gingko Biloba es conocido como un remedio herbal chino para la hipertensión que mejora la circulación de la sangre y dilata las arterias. También mejora la memoria y hace que uno esté mentalmente alerta.

EXTRACTO DE HOJA DE OLIVO

El extracto derivado de la hoja de olivo se utiliza como un remedio para la presión arterial alta para combatir los latidos cardíacos irregulares o lo que se llama "arritmia".

LA BAYA DE LA ICTERICIA

Con este remedio a base de hierbas, el flujo sanguíneo se facilita para funcionar sin problemas en las arterias mediante la dilatación de los vasos sanguíneos a través de la liberación de la tensión en las arterias.

CAYENA

La cayena es conocida como la mejor hierba para la presión alta junto con el ajo. Para obtener los mejores resultados, elija las especies de cayena las más calientes. La cayena es conocida por controlar adecuadamente la presión arterial.

TRÉBOL ROJO

Las personas con la presión arterial alta tienden a tener su sangre espesa como resultado del esfuerzo extra del corazón para bombear sangre a través de los vasos. Por lo tanto, se aumenta la presión contra las arterias, causando hipertensión. El trébol rojo es el mejor para diluir la sangre, disminuyendo la presión arterial y mejorando la circulación sanguínea. Para ser utilizado de manera eficiente, el trébol rojo debe estar en buen estado: las flores deben permanecer moradas. El trébol de color marrón está seco y ha perdido su efectividad.

ALFALFA

La alfalfa ayuda a suavizar las arterias reduciendo la presión arterial alta. Juega un papel vital en el tratamiento de la hipertensión.

PEREJIL

El perejil es el mejor para mantener la circulación sanguínea y todo el sistema circulatorio del cuerpo mientras que reduce la presión arterial alta.

GROSELLA ESPINOSA

Conocida como "Amla" en la India, la grosella espinosa se puede consumir con miel en su forma de jugo. Tome 1-2 cucharadas soperas al día con el estómago vacío, ya que es principalmente beneficioso para las personas con presión arterial alta.

CEBOLLA Y MIEL

Una mezcla de jugo de cebolla y miel puede hacer maravillas para las personas con presión arterial alta. Beber dos cucharaditas al día de esta mezcla puede revertir el efecto de la presión arterial alta y lo ayuda a volver a una presión arterial estable.

LA SEMILLA DE ALHOLVA (TRIGONELLA FOENUM-GRAECUM)

Las semillas de esta planta tienen diversos beneficios para la salud como los siguientes:

Reduce el colesterol de la sangre

Los estudios han demostrado que la alholva ayuda a reducir el nivel de colesterol, particularmente el LDL o las lipoproteínas de baja densidad. La hierba está enriquecida con saponinas esteroidales, que está asociada con la absorción de colesterol y triglicéridos.

Reduce los riesgos de enfermedades del corazón

Las hojas de alholva contienen una gran cantidad de potasio que contrarresta los efectos adversos del sodio en el cuerpo para ayudar a controlar la frecuencia cardíaca y la presión arterial.

Le mantenga en forma

Cuando incluye fenogreco en su dieta masticando semillas mojadas por la mañana con el estómago vacío, la fibra natural en la alholva puede llenarse y hacer que su estómago se hinche, suprimiendo el apetito. Esto lo ayuda a alcanzar sus objetivos de pérdida de peso, ya que también tiende a perder sus ansias de comer.

Todas las condiciones anteriores son beneficiosas y le ayudarán a disminuir naturalmente su presión arterial alta.

Manejo del estrés:: Capítulo 7 Empoderamiento de la mente y el cuerpo

Todavía es discutible si la tensión arterial y el estrés a largo plazo están conectados. Sin embargo, tomar medidas para controlar y reducir el estrés beneficia drásticamente a su salud en general, incluida su presión arterial.

La conexión entre el estrés y la presión arterial alta a largo plazo

Si bien los expertos no pueden definir la relación directa entre estos dos, está comprobado que los eventos estresantes pueden causar un aumento temporal en la presión arterial. Lo que usted puede hacer para evitar la presión arterial alta a largo plazo es tomar medidas preventivas que beneficien su salud tanto en la mente como en el cuerpo.

Hacer ejercicio es una forma libre de drogas que puede ayudarlo a bajar su presión arterial. Reduce sus niveles de estrés a medida que libera endorfinas, que son esenciales para hacerle sentir bien consigo mismo y con las cosas que le rodeen. Por ejemplo, puede hacer ejercicio de 3 a 5 veces por semana durante aproximadamente media hora para reducir su nivel de estrés. Otras actividades físicas como hacer las tareas del hogar, la jardinería, el baile, la natación o correr también pueden aumentar su respiración y ritmo cardíaco, generando beneficios para controlar su presión arterial.

Recuerde que en situaciones estresantes, su cuerpo produce una avalancha de hormonas que pueden hacer que su corazón late más rápido por un tiempo y que los vasos sanguíneos se estrechen en el proceso. Como mencionamos anteriormente, no hay una prueba absoluta de que el estrés produzca directamente presión arterial a largo plazo, pero comportamientos como comer en exceso, fumar, abuso de sustancias y observar malos hábitos de sueño pueden contribuir a la presión arterial alta. En horas extras, estas series de aumentos agudos temporales en la presión arterial pueden ponerlo en peligro de tener una presión arterial alta a largo plazo.

Por otro lado, las condiciones de salud relacionadas con el estrés, como el aislamiento, la ansiedad y la depresión, que pueden estar relacionadas con enfermedades del corazón, pueden no estar relacionadas con la presión arterial alta en absoluto. La razón puede ser debido a las hormonas que se producen durante los momentos estresantes.

Estas hormonas pueden dañar las arterias y exponerlo a los riesgos de enfermedad cardíaca. Además, si está estresado o deprimido, también tiende a descuidarse. Esto incluye la probabilidad de no tomar los medicamentos necesarios que pueden controlar su presión arterial alta y su condición cardíaca.

Las actividades que pueden reducir la presión arterial

El manejo del estrés es una habilidad que puede ayudarle de muchas maneras. Dominarlo puede ayudarlo a vivir un estilo de vida saludable que pueda beneficiar su salud en general, tanto mental como infantil, incluida la regulación de su presión arterial. Los siguientes pasos pueden ayudarle a comenzar a manejar su estrés:

Hacer su horario simple

Una de las cosas más desafiantes que experimentamos la mayoría de nosotros es cómo simplificar nuestro horario. Por lo general, tendemos a procrastinar solo para encontrarnos apurados para terminar nuestro trabajo, proyectos, asignaciones, etc. Con este ajetreo, es bastante razonable que nuestro cuerpo acepte esto como estrés, lo cual no es bueno para nuestro cuerpo cuando acumulado a lo largo del tiempo

Elimine o reduzca las actividades adicionales que ocupan mucho de vuestro tiempo. Por ejemplo, chatear con sus amigos en Facebook requiere una gran cantidad de su agenda matutina. En lugar de hacer esto, puede elegir una actividad más digna de tiempo en la que pueda mover su cuerpo o ejercitar su mente, como tratar de meditar.

SER **CONSCIENTE DE SU RESPIRACIÓN**

La respiración es esencial para nosotros; después de todo, respiramos para vivir. Cuando respiramos, cada célula de nuestro cuerpo absorbe el suministro de oxígeno que contribuye a la producción de energía en nuestro sistema. También nos permite eliminar las toxinas que nuestro cuerpo debe eliminar para mantenerse saludable.

Desafortunadamente, la mayoría de nosotros damos por hecho la respiración. El horario ocupado y el estilo de vida acelerado contribuyen más a nuestro abandono al tomar respiraciones profundas que son muy importantes en nuestra salud.

Usted puede hacer ejercicios de respiración simples haciendo inhalaciones y exhalaciones profundas durante todo el día. Tome algunas respiraciones profundas y deje que su cuerpo se relaje, liberando los factores estresantes que se acumulan en su cuerpo. Este proceso le permite ingerir oxígeno y alimentar las células de su cuerpo para su supervivencia.

HACER EJERCICIO REGULAR

En esta era moderna en la que las computadoras y diversos aparatos dominan nuestro estilo de vida, tendemos a ser sedentarios. Recuerde que la actividad física es un alivio natural del estrés. Con el consejo de su médico, puede planificar sus ejercicios a partir de actividades simples como caminar o hacer jogging. También puede probar estas otras actividades:

Hacer tareas domésticas y jardinería

Subiendo las escaleras

Caminando (en el parque o en cualquier lugar relajante)

Bailando

Jugando tenis, baloncesto o dodgeball

MEDITAR

La meditación ha demostrado que beneficia la salud de nuestra mente y cuerpo. Nos ayuda a relajarnos y tener esa calma interior que es esencial para lograr el equilibrio.

En 2008, el médico Randy Zusman, del Hospital General de Massachusetts, pidió a sus pacientes con presión arterial alta que emprendieran un programa de relajación basado en la meditación durante tres meses. Estos pacientes regularmente toman medicamentos para controlar su presión arterial alta. Después de tres meses, 40 de 60 pacientes mostraron una notable disminución en sus niveles de presión arterial.

Como resultado, pudieron disminuir su ingesta de medicamentos. La explicación científica sobre esto es que a medida que el cuerpo y la mente entran en un estado de relajación, entonces se puede formar óxido nítrico que da como resultado la apertura de los vasos sanguíneos, regulando el flujo de la presión sanguínea.

El yoga lo ayuda a controlar su presión arterial. Al hacer estiramientos regulares, sus músculos pueden volverse flexibles y dar como resultado una presión arterial controlada sin el uso de medicamentos. Los ejercicios de estiramiento desarrollan una serie de reacciones fisiológicas que pueden inhibir la rigidez de las arterias debido al envejecimiento.

DESARROLLAR BUENOS HÁBITOS DE SUEÑO

El no dormir bien por lo general le hace subir de peso debido a la disminución de la leptina (la hormona que le indica a su cerebro que ya ha comido suficiente), niveles de hormonas y un aumento de la bioquímica llamada grelina que intensifica su apetito a comer.

Esta reacción corporal afecta drásticamente su comportamiento alimentario, lo que le permite ingerir grandes cantidades de calorías que su cuerpo no necesita.

Además, la falta de sueño también hace que su cuerpo libere niveles más altos de insulina después de comer, lo que aumenta el almacenamiento de grasa y lo expone a un mayor riesgo de tener diabetes tipo 2.

El sueño juega un papel vital en la reparación y la curación de los vasos sanguíneos y del corazón. La falta de sueño promueve la presión arterial alta, derrames cerebrales y enfermedades cardíacas.

Según un estudio de la Facultad de Medicina de Harvard, los pacientes con presión arterial alta pueden experimentar un aumento en sus niveles de presión arterial durante todo el día siguiente al quedarse despierto hasta muy tarde la noche anterior. Para ayudarle a luchar contra la falta de sueño, estos son los mejores pasos que debe seguir:

Consumir cafeína solo por las mañanas.

Dejar de lado sus dispositivos móviles y otros dispositivos después de la cena.

Observar un horario de despertar constante.

Evitar el uso de sedantes como Valium, Nyquil, Ambien o incluso alcohol.

Tomar una siesta de 15 minutos cada tarde en lugar de tomar café

Ser optimista

Tener una mentalidad y actitud positiva ayuda dramáticamente a promover su salud en general. Cuando su mente está relajada, su cuerpo automáticamente crea equilibrio y armonía que lo lleva a una buena salud, y la regulación de sus niveles de presión arterial es uno de los beneficios de tener esta calma interior. Muchos estudios también muestran que ser optimista tiende a darle a una persona una calidad y una vida larga. Por ejemplo, una persona feliz y contenta que disfruta reírse en compañía de sus seres queridos se las arregla para llevar una vida larga en comparación con aquellos que sufren de depresión o tienen una perspectiva negativa de la vida.

Según algunos estudios, existe una asociación entre el pronóstico positivo y la presión arterial más baja. Las personas que tienen una mentalidad positiva tienden a tener niveles de presión arterial controlados; mientras que aquellos que ven la vida de manera negativa tienen el mayor riesgo de desarrollar presión arterial alta. Por otra parte, las personas positivas tienen el menor porcentaje de exposición a convertirse en una enfermedad cardiovascular.

Por lo tanto, si desea disfrutar de una vida de calidad hasta su vejez, es hora de cambiar su forma de pensar. Usted siempre puede empezar con pequeñas cosas. En otras palabras, puede maravillarse de las pequeñas cosas que la naturaleza nos brinda como la luz del sol, el calor, el cielo o incluso la luna durante la noche.

Sea consciente de su voz interior y de cómo habla consigo mismo. Evite hablar sobre sus errores o resaltar sus preocupaciones. Antes de que tenga la tentación de hacerlo, dese un poco de espacio y evalúe la situación. Si bien usted puede ver aspectos desfavorables, siempre tiene la opción de arrojar sobre ese asunto. No olvide reír en cada oportunidad que tenga. Una buena risa puede ayudar a disminuir su carga mental, incluso facilitando el manejo de problemas desafiantes.

Capítulo 8: Cómo la meditación puede ayudar a reducir la presión arterial alta

Además de los métodos convencionales para combatir la presión arterial alta, el programa de Reducción del Estrés Basado en la Atención Plena (REBAP) está ganando seguidores y practicantes en todo el mundo. Al incorporar la meditación de atención plena en su estilo de vida junto con la actividad física y el control de peso, se logra su objetivo de reducir la presión arterial alta y, por lo tanto, revertir su efecto en su cuerpo.

Según un estudio de investigación, para frenar la presión arterial y evitar la hipertensión, es fundamental mantener la mente alejada del estrés y la ansiedad.

Unos investigadores de la Escuela de Medicina de la Universidad Case Western realizaron un estudio sobre cientos de pacientes con hipertensión que envejecían entre 30 y 60 años. El programa consistió en 8 sesiones que cubren 2 ½ horas cada una. A continuación, se pidió a los participantes que meditaran utilizando el ejercicio de exploración corporal durante 45 minutos, seis días a la semana. El estudio resultó en un resultado significativo con el resultado que indica una disminución de 1.9 mm Hg en la presión arterial diastólica (PAD) y una disminución de 4.8 mm Hg en la presión arterial sistólica (PAS). Los hallazgos fueron publicados en la revista de Medicina Psicosomática.

En un estudio reciente sobre la presión arterial, angustia y afrontamiento, se reveló que a través de una intervención seleccionada mente-cuerpo, se detectó una disminución en la presión arterial en relación con un mayor afrontamiento y disminución de la angustia psicológica en los adultos jóvenes conducentes a la presión arterial alta.

Basado en estos estudios, se comprobó que la meditación podría ser útil para disminuir el nivel de presión arterial mientras se combaten los efectos nocivos del estrés y la ansiedad en el cuerpo humano.

A medida que usted decida pasar a una opción de estilo de vida más saludable, debe incorporar la meditación a su rutina diaria. Tener el hábito de practicar todos los días o hacer ejercicios de meditación, incluso por solo 20 minutos, seguramente hará una gran diferencia en cómo se mueve su cuerpo, cómo piensa su mente y cómo se siente su cuerpo.

Cuando su mente y sus emociones están en calma y son controlables, se encuentra en una mejor posición para enfrentar todos los desafíos en su vida y los objetivos que se ha fijado, lo que en este caso regula su presión sanguínea a un nivel razonable.

Esos sentimientos negativos, como la preocupación, la ansiedad y el miedo, además de la aparición regular de estrés, ya que usted está regularmente expuesto a diversos factores estresantes, puede aliviarse significativamente con la práctica diaria de la meditación. A medida que su mente se despeje de pensamientos confusos, manteniéndolo atrapado en comportamientos poco saludables, se sorprenderá de ver cómo verá la vida en un punto de vista diferente. Todos los cambios en su vida siempre comienzan en su mente.

Su mente siempre tiene el poder sobre su cuerpo, desde la punta de su cabello hasta la punta de sus dedos. Ser capaz de controlar su mente para que pueda llevarla a donde quiera es una forma eficiente de calmar su sentido general para no enviar su corazón latiendo o bombeando como normalmente lo hace. Cuando puede hacer esto, se está deshaciendo de los factores estresantes que tienden a elevar su presión arterial.

En lugar de hacer la misma rutina usando la misma mentalidad y los resultados que son decepcionantes, la meditación le permite establecer las etapas para un cambio significativo en su vida, y esto incluye, principalmente, su salud.

La gestión de su salud: ¡Salvando su vida!

Así como la enfermedad humana está relativamente relacionada con el estrés, la meditación funciona bien para aliviarlo del estrés. También ayuda a tratar enfermedades. No solo la mediación resuelve el problema de la hipertensión arterial o los riesgos de hipertensión, sino que también se asocia con el alivio de las siguientes enfermedades:

Trastornos de la piel

Depresión ligera

Síndrome premenstrual y dismenorrea

Apnea del sueño y fatiga

Dolor recurrente incluyendo dolores de cabeza

Problemas respiratorios como asma y enfisema

Síntomas de la artritis reumatoide (AR)

Malestar gastrointestinal

Síndrome del intestino irritable

La salud y la condición médica como las que tenemos aquí sin duda le privarán de la vitalidad y usted vivirá una vida de diversión y de disfrute. Cuando usted deje que el estrés le deprima porque le agobian la ansiedad y los pensamientos y emociones negativas, piense en que es un estrés controlable.

¿Podría ser más satisfactorio que tener una cura para una enfermedad relacionada con el estrés que es natural? Esto es lo que la meditación le está ofreciendo: una vida de felicidad, libre de esta enfermedad mortal.

Una manera de hacer su ejercicio de meditación

Para comenzar, encuentre un lugar cómodo para hacer su ejercicio. Aunque los veteranos pueden hacerlo en cualquier lugar y les resultará fácil lograr su objetivo de meditación en cualquier lugar y en cualquier momento, los principiantes pueden distraerse fácilmente; por lo tanto, necesita un lugar más tranquilo y sereno para meditar. Puede sentarse en una silla o en el piso siempre que se siente cómodo y relajado. Si necesita algo para calmar sus sentidos, prepare algo de música.

Comience por cerrar los ojos o simplemente concentre su atención en algo así como en el piso cerca de donde está sentado. Luego comience a inhalar y exhalar suavemente, tratando de sentir el aire a medida que pasa por sus fosas nasales y recorre cada parte de su cuerpo antes de sacarlo lentamente por la boca. Sienta cada momento: o se concentre en su respiración, o concéntrese en el objeto de su atención.

Si usted cierra los ojos, imagine algo: una imagen, un objeto o cualquier cosa con la que quiera conectarse. Si descubre que su mente está fuera de foco, vuelve lentamente a enfocarse sin juzgarse a sí mismo. El objetivo aquí es poder controlar su pensamiento para enfocarse en algo que no le afecte emocionalmente. Simplemente mírelo en silencio en el momento presente.

Concentrarse en su respiración le da una nueva conciencia de su vida, y mientras realiza esta actividad, es posible que pueda captar un nuevo significado para su existencia. Este podría ser un ejercicio simple y completo que podría durar unos minutos, pero fuera de eso, algo nuevo, una idea quizás se le revelará en un momento.

Usted no podría imaginar los beneficios que este ejercicio de meditación puede brindarle: física, mental, emocional y espiritualmente. Es por esta razón que cada vez más personas recurren a la meditación trascendental como una forma de tratar el estrés para revertir los efectos de la presión arterial alta o minimizar los riesgos de problemas de salud más graves.

Idealmente, reserve 15-30 minutos al día para la meditación, de modo que calme sus sentidos y prepárese para enfrentar las luchas y los desafíos diarios de la vida. De esta forma, su cuerpo no se sentirá amenazado y se fijará en un modo de lucha o huida que hará que produzca algún cambio hormonal en su cuerpo, enviando a su corazón a aumentar la presión y obligando a la pared arterial a romperse.

Hay algunos recursos y herramientas en línea como el Insight CD System, que puede configurar usted mismo y, por lo tanto, una sesión de meditación rápida durante 20 minutos o más, según sus preferencias.

Mientras escucha el CD, puede enseñarle a su cerebro a trabajar y sincronizar, es decir, entrenar el lado izquierdo y derecho del cerebro para trabajar en consonancia para crear una distribución completa de la actividad eléctrica y patrones de energía en su mente en lugar de tenerlo confinado a áreas limitadas. Esta herramienta está diseñada de acuerdo con el resultado de un estudio que indica que esta sincronización completa del cerebro está activa en momentos de intensa creatividad, claridad e inspiración.

Para resumir, ya sea que usted esté haciendo meditación sin el uso del CD de audio Insight o cualquier herramienta como esta, asegúrese de incorporar el ejercicio de meditación en sus actividades diarias. Haga de esto un hábito, no sólo para regular su presión arterial alta sino también como parte de un estilo de vida saludable. Es un paso simple, pero su resultado duradero puede tener un efecto profundo en su salud física general y bienestar mental.

Conclusión

Un número significativo de pacientes con hipertensión ahora se está cansando de experimentar los efectos debilitantes de las prescripciones de medicamentos y medicamentos que más han optado por recurrir a los remedios naturales. Ahora que muchos están preguntando si la forma natural de tratar la presión arterial alta funciona, los estudios comprobados responden a esta pregunta con un gran "¡SÍ!"

Sin embargo, el tratamiento natural es un enfoque integral que debe consolidarse en su estilo de vida para poder beneficiarse por completo. No responde solo a un área de su vida, sino que necesita una revisión completa de su bienestar. Ahora que usted ha tomado conciencia de la medida en que los remedios naturales pueden ayudarlo a reducir su presión arterial alta al nivel razonable, puede utilizar este conocimiento para regular su presión arterial y controlar su hipertensión para evitar la aparición de otras complicaciones o enfermedades más graves.

La presión arterial alta puede ser un asesino silencioso solo si usted deja de prestar suficiente atención a su estilo de vida. No es la sangre alta lo que mata pero es su incapacidad para crear un estilo de vida saludable que puede brindarle una vida mejor, más segura y más larga.

El siguiente paso es que se una a nuestro boletín informativo por correo electrónico para recibir actualizaciones sobre cualquier próximo lanzamiento o promoción de un libro nuevo. ¡Usted puede registrarse de forma gratuita y, como beneficio adicional, también recibirá nuestro libro "7 Errores de salud y de entrenamiento físico que no sabe que está cometiendo"! Este libro de bonificación analiza muchos de los errores de estado físico más comunes y desmitifica muchas de las complejidades y la ciencia de ponerse en forma. ¡Tener todo este conocimiento y ciencia de la actividad física organizados en un libro paso a paso lo ayudará a comenzar en la dirección correcta en su viaje de entrenamiento! Para unirse a nuestro boletín gratuito por correo electrónico y tomar su libro gratis, visite el enlace y regístrese: www.hmwpublishing.com/gift

Finalmente, si usted ha disfrutado este libro, me gustaría pedirle un favor. ¿Sería tan amable de dejar una reseña para este libro? ¡Podría ser muy apreciado!

¡Gracias y mucha suerte!

Sobre el co-autor

Mi nombre es George Kaplo; Soy un entrenador personal certificado de Montreal, Canadá. Comenzaré diciendo que no soy el hombre más grande que conocerá y este nunca ha sido mi objetivo. De hecho, comencé a entrenar para superar mi mayor inseguridad cuando era más joven, que era mi autoconfianza. Esto se debió a mi altura que medía sólo 5 pies y 5 pulgadas (168 cm), me empujó hacia abajo para intentar cualquier cosa que siempre quise lograr en la vida. Puede que usted esté pasando por algunos desafíos en este momento, o simplemente puede querer ponerse en forma, y ciertamente puedo relacionarme.

Después de mucho trabajo, estudios e innumerables pruebas y errores, algunas personas comenzaron a notar cómo me estaba poniendo más en forma y cómo comenzaba a interesarme mucho por el tema. Esto hizo que muchos amigos y caras nuevas vinieran a verme y me pidieran consejos de entrenamiento. Al principio, parecía extraño cuando la gente me pedía que los ayudara a ponerse en forma. Pero lo que me mantuvo en marcha fue cuando comenzaron a ver cambios en su propio cuerpo y me dijeron que era la primera vez que veían resultados reales. A partir de ahí, más personas siguieron viniendo a mí, y me hizo darme cuenta después de tanto leer y estudiar en este campo que me ayudó pero también me permitió ayudar a otros. Ahora soy un entrenador personal certificado y he entrenado a muchos clientes que han logrado conseguir resultados sorprendentes.

Hoy, mi hermano Alex Kaplo (también Entrenador Personal Certificado) y yo somos dueños y operadores de esta empresa editorial, donde traemos autores apasionados y expertos para escribir sobre temas de salud y ejercicio. También tenemos un sitio web de ejercicios en línea llamado "HelpMeWorkout.com" y me gustaría conectarme con usted invitándole a visitar el sitio web en la página siguiente y registrarse en nuestro boletín electrónico (incluso obtendrá un libro gratis). Por último, si usted está en la posición en la que estuve una vez y quiere orientación, no lo dude y pregúnteme ... ¡Estaré allí para ayudarle!

Su amigo y entrenador,

George Kaplo

Entrenador Personal Certificado

Consigua otro libro gratis

Quiero darle las gracias por comprar este libro y ofrecerle otro libro (largo y valioso como este libro), "Errores de salud y de entrenamiento físico que no sabe que está cometiendo", completamente gratis.

Visite el enlace siguiente para registrarse y recibirlo: www.hmwpublishing.com/gift

En este libro, voy a desglosar los errores más comunes de salud y de entrenamiento físico que probablemente usted esté cometiendo en este momento, y le revelaré cómo puede llegar fácilmente a la mejor forma de su vida.

Además de este valioso regalo, también tendrá la oportunidad de obtener nuestros nuevos libros de forma gratuita, participar en sorteos y recibir otros correos electrónicos de mi parte. De nuevo, visite el enlace para registrarse: **www.hmwpublishing.com/gift**

Copyright 2018 de HMW Publishing - Todos los derechos reservados.

Este documento de HMW Publishing, propiedad de la compañía A & G Direct Inc, está orientado a proporcionar información exacta y confiable con respecto al tema y el tema cubierto. La publicación se vende con la idea de que el editor no está obligado a prestar servicios calificados, oficialmente autorizados o de otro modo calificados. Si es necesario un consejo, legal o profesional, se debe ordenar a un individuo practicado en la profesión.

De una Declaración de Principios que fue aceptada y aprobada por igual por un Comité del American Bar Association y un Comité de Editores y Asociaciones. De ninguna manera es legal reproducir, duplicar o transmitir cualquier parte de este documento en forma electrónica o impresa. La grabación de esta publicación está estrictamente prohibida, y no se permite el almacenamiento de este documento a menos que cuente con el permiso por escrito del editor. Todos los derechos reservados.

La información provista en este documento se afirma que es veraz y coherente, en el sentido de que cualquier responsabilidad, en términos de falta de atención o de otro tipo, por el uso o abuso de cualquier política, proceso o dirección contenida en el mismo es responsabilidad absoluta y exclusiva del lector receptor. Bajo ninguna circunstancia se responsabilizará o responsabilizará legalmente al editor por cualquier reparación, daño o pérdida monetaria debido a la información contenida en este documento, ya sea directa o indirectamente. La información en este documento se ofrece únicamente con fines informativos, y es universal como tal. La presentación de la información es sin contrato o con algún tipo de garantía garantizada.

Las marcas comerciales que se utilizan son sin consentimiento, y la publicación de la marca comercial es sin el permiso o el respaldo del propietario de la marca comercial. Todas las marcas comerciales y marcas dentro de este libro son sólo para fines de aclaración y pertenecen a los propios propietarios, no están afiliados a este documento.

Para más libros visite:

HMWPublishing.com

www.ingramcontent.com/pod-product-compliance
Lightning Source LLC
Chambersburg PA
CBHW070935080526
44589CB00013B/1523